1-2-3 Magia para Niños

Ayudando a Sus Hijos a
Entender las Nuevas Reglas

Thomas W. Phelan, Ph.D.
Tracy M. Lewis, B.A.

ParentMagic, Inc
Glen Ellyn, Illinois

ParentMagic inc.

Diseño e ilustración por Ron Villani
Distribuido por Independent Publishers Group

Impreso en los Estados Unidos de América
10 9 8 7 6 5 4 3 2 1

Para más información, contacte:
ParentMagic, Inc.
800 Roosevelt Road
Glen Ellyn, Illinois 60137

www.parentmagic.com
1 (800) 442-4453

Publisher's Cataloging-in-Publication
(Provided by Quality Books, Inc.)

Phelan, Thomas W., 1943-
   1-2-3 magia para niños : helping your children
understand the new rules / Thomas W. Phelan, Tracy M.
Lewis.
   p. cm.
For use with the author's 1-2-3 magic, effective discipline for children 2-12.
   SUMMARY: Designed for children to read with their
parents, explains good behavior, rules and consequences.
   Audience: Ages 2-12.
   ISBN-13: 978-1-889140-25-4
   ISBN-10: 1-889140-25-2

   1. Discipline of children--Juvenile literature.
2. Self-control--Juvenile literature. 3. Parent and child
--Juvenile literature. [1. Obedience. 2. Self-control.
3. Parent and child.] I. Lewis, Tracy M. II. Phelan,
Thomas W., 1943- 1-2-3 magic, effective discipline for
children 2-12. III. Title. IV. Title: One-two-three
magic for kids.

HQ770.4.P44 2008   649'.64
          QBI08-600103

Índice

Cómo Usar Este Libro

1-2-3 Magia para Niños es un nuevo libro diseñado a ayudar a padres de familia a explicarles a sus hijos el programa de disciplina más sencillo de América, *1-2-3 Magia: Disciplina Efectiva para Niños de 2 a 12*. Se han vendido más de un millón de copias de la versión de 1-2-3 Magia para padres porque es fácil de aprender y da resultados.

La mayoría de los libros sobre la disciplina del niño les explica el programa a los padres. Después los padres les explican el programa a sus hijos. *1-2-3 Magia para Niños*, no obstante, les explica directamente a los niños los nuevos métodos de disciplina (con la ayuda de los padres para niños más pequeños.) El libro está escrito del punto de vista de niños menores e incluye juegos, rompecabezas, preguntas para discutir e ilustraciones en cuatro colores.

Si Ud. está al punto de empezar a usar *1-2-3 Magia* con sus hijos, *1-2-3 Magia para Niños* será un instrumento de mucho valor para explicarles a sus hijos exactamente lo que es *1-2-3 Magia* y cómo funciona. Si ya está usando 1-2-3 Magia con sus niños, *1-2-3 Magia para Niños* ayudará a reafirmar y refrescar lo que sus hijos ya saben del programa.

Si sus hijos no saben leer: Empiece por leerles a los niños la Parte 1, El Cuento de Raquel y Mati. Deje que los niños lo interrumpan, que hagan preguntas o que lean partes del cuento ellos mismos, como Ud. lo haría con cualquier cuento. El cuento es corto y sencillo, así que muchos pre-escolares pueden escucharlo todo de un tirón.

Si sus hijos ya saben leer bien: Pida que los niños lean el cuento ellos mismos o que se lo lean a Ud. Después pueda que los niños le hagan preguntas, o Ud. mismo puede hacerles preguntas acerca de lo que leyeron.

Ya que conozcan El Cuento de Raquel y Mati, será fácil de entender los demás capítulos. Si los niños quieren, pueden seguir leyendo los Capítulos 6-9 (solos o con Ud.) o pueden examinar cada capítulo, uno a la vez. El orden de los capítulos no es crítico.

Capítulo 6: El Juego de Herramientas de *1-2-3 Magia* explica varias estrategias que los padres van a usar para reafirmar el buen comportamiento, controlar el mal comportamiento y fortalecer relaciones, tales como contando, el elogio y diversiones uno a uno. También, el Capítulo 6 reforzará el conocimiento de los padres tocante a lo que necesitan hacer.

Capítulo 7: Preguntas que Tienen los Niños Sobre *1-2-3 Magia* ofrece una lista de temas de preguntas que los niños comúnmente hacen antes de empezar el programa. Después de leer El Cuento de Raquel y Mati, probablemente a sus hijos se les ocurrirán unas cuántas de estas preguntas.

Capítulo 8: Actividades Divertidas y Rompecabezas incluyen ejercicios sencillos que destacan los conceptos de *1-2-3 Magia*. Las actividades que requieren un poco de apoyo de los padres están marcados así

Capítulo 9: ¿Cómo Será Nuestra Familia Después? les ayudará a sus hijos entender el por qué sus padres empezaron a usar el *1-2-3 Magia*. El capítulo más fácil de todos, el Capítulo 9 muestra escenas sencillas que tratan de mejor comportamiento, mejores relaciones y una vida familiar más feliz y con menos estrés.

1-2-3 Magia para Niños contiene elementos de ficción, elementos reales y actividades prácticas de aprendizaje. Este libro les va a atraer a niños de distintas edades y con varios estilos de aprendizaje, así que una variedad amplia de niños puedan recibir los beneficios de la información proporcionada. Más que nada, *1-2-3 Magia* les ayudará a padres e hijos a gozar de la compañía del uno y otro.

HOLA. SOY BENJAMÍN Y TENGO DIEZ AÑOS.

ESTOY AQUÍ PARA DECIRTE POR QUÉ SE ESCRIBIÓ ESTE LIBRO, **1-2-3 MAGIA PARA NIÑOS**. HACE UNOS AÑOS MI FAMILIA SE MUDÓ A UN PUEBLO NUEVO POR UN CAMBIO DE TRABAJO DE MI PAPÁ. FUE DIFÍCIL PARA TODOS NOSOTROS. YO NO AGUANTABA A MI NUEVA MAESTRA, MI HERMANA ESTABA TRISTE PORQUE TENÍA QUE DEJAR A SUS AMIGAS Y MIS PAPAS DISCUTÍAN MUCHO. MI HERMANA Y YO NOS PELEÁBAMOS MÁS QUE NUNCA (CLARO, CASI SIEMPRE ERA CULPA DE ELLA.) POR LAS MAÑANAS YO FINGÍA ESTAR ENFERMO PARA NO TENER QUE IR A LA ESCUELA Y MI HERMANA SIEMPRE LLORIQUEABA Y GRITABA. ANTES DE MUDARNOS, EL ESTAR EN CASA CON MI FAMILIA ERA DIVERTIDO, PERO DESPUÉS DE MUDARNOS, FUE HORRIBLE. NADIE ESTABA CONTENTO Y TODOS INTENTAMOS EVITARNOS LOS UNOS A LOS OTROS.

FINALMENTE, MIS PAPÁS DECIDIERON QUE TODOS NECESITÁBAMOS ALGUNA AYUDA PARA PODER ACOSTUMBRARNOS A NUESTRA NUEVA VIDA EN ESTE PUEBLO NUEVO. HABLAMOS CON ESA SEÑORA LLAMADA UNA 'PSICÓLOGA' (YO LE LLAMO UNA LOQUERA.) ELLA LES ENSEÑÓ A MIS PAPÁS EL PROGRAMA **1-2-3 MAGIA**. DE VERAS, NO ES NADA MÁS QUE UN PROGRAMA QUE AYUDA A LOS PADRES A CONSEGUIR QUE SUS HIJOS SE COMPORTEN BIEN — SIN GRITARLES O PEGARLES. ES ALGO BUENO, PERO AL PRINCIPIO CUANDO MI HERMANA Y YO LO AVERIGUAMOS LO QUE ERA, NO ESTÁBAMOS NADA DE CONTENTOS.

SIN EMBARGO, MAMÁ Y PAPÁ NOS LO EXPLICARON, Y UNA VEZ QUE LO EMPEZAMOS, DESCUBRÍAMOS QUE ERA BASTANTE CHÉVERE. MIS PAPÁS NOS AYUDARON A DEJAR DE HACER LO QUE HACÍAMOS — COMO DISCUTIR — Y EMPEZAR A HACER LO QUE DEBÍAMOS HACER — ¡COMO ALISTARNOS PARA LA ESCUELA! DEJARON DE GRITARNOS TANTO Y DEJAMOS DE GRITARLES A ELLOS TAMBIÉN. DE VERDAD QUE FUE UN ALIVIO.

BUENO, AQUÍ ES DONDE ENTRA ESTE LIBRO. CUANDO MIS PAPÁS EMPEZARON A USAR **1-2-3 MAGIA**, TENÍAN UN LIBRO Y UNOS DVDs QUE LES ENSEÑARON QUÉ HACER. MI HERMANA Y YO QUERÍAMOS VERLOS TAMBIÉN, PERO PARA NOSOTROS ERAN DEMASIADO DIFÍCILES DE ENTENDER. ¡ERAN DEMASIADAS COSAS PARA ADULTOS! ASÍ QUE ESTE LIBRO AQUÍ ES SÓLO PARA NIÑOS. NOS EXPLICA LO DE **1-2-3 MAGIA** DE UNA MANERA FÁCIL DE ENTENDER. CONTIENE UN CUENTO DIVERTIDO Y TAMBIÉN ALGUNOS JUEGOS.

AHORA, MIS PADRES TIENEN SU LIBRO Y ¡NOSOTROS TENEMOS EL NUESTRO! Y TENEMOS UN HOGAR DONDE CASI SIEMPRE TODOS ESTAMOS CONTENTOS. ESA ES LA MEJOR PARTE. PUES, QUÉ GOCES DEL LIBRO Y TE VISITARÉ DE VEZ EN CUANDO A VER COMO TE VA.

Parte I

El Cuento de Raquel y Mati

CAPÍTULO 1

¿Qué Es 1-2-3 Magia?

ESTO ES EL CUENTO DE DOS NIÑAS QUE SE LLAMAN MATI Y RAQUEL. LOS PAPÁS DE RAQUEL SE HAN DIVORCIADO Y USAN **1-2-3 MAGIA** CON ELLA Y CON SU HERMANO, MARC. MATI Y SUS PADRES SIEMPRE SE GRITAN. MATI NO HACE LO QUE DEBE HACER Y SUS PAPÁS SE ENOJAN. EN EL CUENTO RAQUEL LE AYUDA A MATI A ENTENDER LO QUE ES **1-2-3 MAGIA** Y *CÓMO* LE HA AYUDADO A SU FAMILIA A ESTAR MÁS CONTENTA Y *CÓMO* PUEDE DIVERTIRSE MÁS.

Raquel estaba en su patio jugando en su resbaladilla.
¡Le encantaba deslizarse! A su mejor amiga, Mati, que
vivía al lado, también le encantaba deslizarse. A las
chicas les encantaba cuando sus mamás las llevaban
al parque a la vuelta de la esquina porque había la
resbaladilla más larga y más resbaladiza del mundo
en su propio barrio.

Raquel y Mati vivían al lado, la una de la otra, desde que eran bebés. De hecho, Raquel no podía recordar una ocasión en que la familia de Mati no viviera al otro lado de la cerca del patio. Las dos estaban en segundo año en la escuela. A las dos, les encantaba su maestra y estaban contentas de estar en la misma clase.

Aun cuando no estaban en la escuela, las dos niñas siempre estaban juntas. Les encantaba andar en bicicleta, jugar y tener piyamadas. Las piyamadas era su actividad favorita. Normalmente, eran en la casa de Raquel porque los papás de Mati se gritaban tanto. Cuando eso pasaba, le dolía el estómago a Raquel. Los papás de Mati eran buenas personas, pero a ella no le gustaba tanto grito. Le hacía recordar cómo era su propia mamá antes de empezar a usar **1-2-3 Magia**.

¿QUÉ ES 1-2-3 MAGIA? 1-2-3 MAGIA ES UNA MANERA PARA QUE TUS PAPÁS TE AYUDEN A DEJAR DE HACER COSAS "MALAS" Y EMPEZAR A HACER COSAS "BUENAS" SIN GRITAR O PEGAR.

Un día, cuando estaba jugando en su resbaladilla, Raquel escuchaba gritos por la ventana abierta de la casa de Mati. No sabía que pasaba.

Al principio escuchaba a Mati gritar y luego a su mamá gritar. Entonces, Mati gritaba con voz más alta y luego su mamá gritaba con una voz aún más fuerte! De pronto, la puerta trasera se abrió y Mati salió corriendo al patio. Estaba llorando muchísimo. Raquel se preguntaba por qué estaba tan disgustada Mati. Saltó la cerca entre las dos casas para llegar pronto donde su amiga.

"¿Qué te pasa, Mati?" preguntó Raquel.

"¡Mi mamá es tan mala!" lloró Mati.

"¿Qué hizo?" preguntó Raquel.

Mati dijo, "Me dijo que tenía que limpiar mi cuarto antes de ir a la casa de mi abuelita esta tarde. ¡Es sábado por la mañana! ¡No quiero limpiar mi cuarto! Ella dijo que íbamos a estar muy ocupados este fin de semana, ¡así que tenía que hacerlo ahora mismo! Le grité que no lo iba a hacer y fui a mi cuarto y di un portazo. Entonces, mi mamá entró y empezó a gritarme que si no limpiaba mi cuarto, tendría problemas."

"Decirte que limpies tu cuarto no es malo," dijo Raquel.

"No, pienso que no fue tan malo. Lo malo fue cuando ella me gritó," dijo Mati. Su cara se veía muy triste.

"¿No le gritaste tú primero?" preguntó Mati.

"No me importa. ¡Aún es MALA!" sostuvo Mati.

"Ya veo, a mí tampoco me gusta que me griten. Mi mamá siempre me gritaba antes de comenzar **1-2-3 Magia**," dijo Raquel.

"¿**1-2-3 Magia**? ¿Qué es eso?" preguntó Mati.

"**1-2-3 Magia** es un método agradable para que los padres hagan que se comporten los niños. Ya hace mucho que lo usamos en nuestra casa. A mí me gusta. De primero no, pero ahora todos en mi familia son mucho más simpáticos. Me gusta que tanto mi papá como mi mamá lo usan!" dijo Raquel.

"¿Sabe magia tu mamá?" preguntó Mati.

"Bueno, en REALIDAD no es magia. Sólo que la llaman magia. En realidad, no sé," respondió Raquel.

"¡Quizás se llama 'magia' porque mágicamente deja tu mamá de gritar y de enojarse todo el tiempo!" dijo Mati.

Excitadamente, dijo Raquel, "¡Oye, te apuesto que por eso es!"

11

CAPÍTULO 2

¿Qué Significa Contar?

LA CASA DE MATI EN ESTE CUENTO ME RECUERDA DE CÓMO ERA EN NUESTRO CASA. EL DISCUTIR Y GRITAR ERAN INSOPORTABLES.

"¿Por qué no entramos y limpiamos tu cuarto juntas?
Luego podemos ir a mi casa a jugar," dijo Raquel.

"¿Me ayudarás?" preguntó Mati.

"Claro. ¡Si lo hacemos juntas, terminaremos muy
rápido!" dijo Raquel, al correr hacia la casa de Mati.

Raquel guardaba una caja de piezas de un rompecabezas que se había caído al piso y Mati recogía su ropa sucia para ponerla en su canasto. Mati comenzó a pensar sobre lo que Raquel le había dicho sobre esta cosa "1-2-3."

"Oye, Raquel... ¿cómo funciona toda esa cosa de **1-2-3 Magia**?" preguntó Mati.

"Bueno, cuando empiezo a hacer algo que no debo, como fastidiar a mi hermano, mi mamá dice, 'Va 1.' Si dejo de hacerlo, no pasa nada. Si no dejo, ella dice, 'Van 2.' Es mi última oportunidad de parar. Si no, ella dice 'Van 3, toma 7'" explicó Raquel.

"¿Qué quiere decir, 'Toma 7'?" Mati parecía confusa.

"Quiere decir que tengo que irme a mi cuarto por 7 minutes," dijo Raquel.

"Siete es un número raro," dijo Mati.

"Tengo que ir por 7 minutos porque tengo 7 años. Si tuviera 5 años, serían 5 minutos. ¿Entiendes?" preguntó Raquel.

"¡Ah, sí, ya veo!" Ahora entendía Mati.

"Le llaman 'contando'. Es lo que hacen los padres en
1-2-3 Magia, para que dejes de hacer lo que no quieren
que hagas," le dijo Raquel.

¿POR QUÉ CUENTAN HASTA 3?
TUS PADRES QUIEREN
ENSEÑARTE A HACER LO
CORRECTO. TE DAN EL "1" Y
EL "2" PARA DARTE LA
OPORTUNIDAD DE QUE
TÚ MISMA SEPAS CÓMO
HACER LO CORRECTO.

Las niñas habían terminado de limpiar el cuarto de
Mati. ¡Realmente iba más rápido cuando dos personas
limpiaban juntas! Decidieron ir a la casa de Raquel a
jugar con sus muñecas. Mati tomó su muñeca favorita
de su cama y ¡se fueron!

Las niñas estaban en la sala de Raquel pretendiendo
darles sus mamilas a sus bebés. Mati dijo, "¿Sabes qué?
A veces, cuando mis papás me dicen que me vaya a mi
cuarto, yo les digo que '¡No!' ¿Tú haces eso?"

"A veces cuando estoy muy enojada digo eso," contestó
Raquel. "Luego mi mamá me da a elegir."

"No entiendo," dijo Mati. "Sólo tienes que decir
'¡No!' y ¿no te tienes que ir a tu cuarto?" ¡Mati estaba
completamente asombrada!

Dijo Raquel, "Bueno, no exactamente así. Si no me voy a mi cuarto por 7 minutos después de que cuenta a 3, me descuenta dinero de mi dinero de bolsillo o hace que me vaya a acostar muy temprano o algo así. Luego me deja elegir. Casi siempre decido que prefiero irme a mi cuarto. Normalmente la otra elección es MUCHO peor que 7 minutos en mi propio cuarto!"

"Ya lo creo, 7 minutos en tu cuarto no está tan mal. ¿Puedes jugar mientras estás allí?" le preguntó Mati a su amiga.

"Puedo jugar con lo que sea menos los videojuegos. Tampoco puedo ver la televisión. Lo mejor es que cuando se terminan mis 7 minutos y dejo mi cuarto, mi mamá no está enojada conmigo. No me grita ni me dice que me porté mal. ¡Sólo actuamos como si nada hubiera pasado!" explicó Raquel.

Mati preguntó, "¿Así que lo único que hace es contar ¿No grita?"

"No, ¡ya no!" dijo Raquel.

"¡Ah! ¡Así que por eso siempre hay más calma allá en tu casa!" ¡Por fin, Mati lo entendía! Siempre se preguntaba sobre eso.

"Vamos," dijo Raquel. "¡Vamos por un bocado!"

¿Cómo Le Harán
Para Que Yo Limpie
Mi Cuarto?

ASÍ QUE AHORA ¿QUÉ SUPONES QUE PIENSA MATI DE **1-2-3 MAGIA**? NO CREO QUE AÚN LO SEPA. NECESITA QUE RAQUEL LE DIGA MÁS SOBRE ELLO.

La siguiente tarde, Mati estaba de nuevo en casa de Raquel. Las niñas estaban sentadas en la cocina comiendo leche y galletas que les había hecho la mamá de Raquel.

"Sabes," dijo Mati, "esa cosa de contar no hubiera funcionado ayer en mi casa. No estaba haciendo nada malo. Mi mamá no quería que DEJARA de hacer algo. Ella quería que COMENZARA a limpiar mi cuarto."

"Bueno, **1-2-3 Magia** no es sólo para cuando haces cosas malas," respondió Raquel. "También es para ayudarte a hacer cosas buenas."

"Así, ¿qué hacen tu mamá y papá para que hagas cosas buenas?" quería saber Mati.

"Bueno," comenzó Raquel, "algo es, si mi mamá hubiera querido que yo limpiara mi cuarto esta mañana y no lo hiciera, ella lo hubiera hecho por mi."

"¡¿CÓMO?!" interrumpió Mati. "¿Nomás lo hubiera HECHO por ti?"

"¡Un momento! No he terminado! Ella lo hubiera hecho por mí, pero me hubiera descontado de mi dinero de bolsillo," terminó Raquel.

"¿Descontado? ¿Qué quiere decir eso?" preguntó Mati.

"Quiere decir que mi mamá hubiera limpiado mi cuarto por mí, pero yo tendría que pagarle por eso de mi dinero de bolsillo," respondió Raquel.

"¿Se enoja ella cuando lo tiene que hacer por ti?"
preguntó Mati.

"¡No, no se enoja para nada porque le estoy dando mi
dinero! Pero eso no pasa muy a menudo. Prefiero
limpiar mi propio cuarto y quedarme con mi dinero,
así que ahora lo limpio cuando me lo pide," dijo Raquel.

"Sí, a mí tampoco me gustaría devolver mi dinero de
bolsillo," dijo Mati. "¿Qué otros tipos de cosas hacen?"
Mati pensó que esto era muy padre.

"Bueno, mi hermano Marco, nunca quería comerse su comida, así que sólo se sentaba a la mesa y se quedaba solamente viendo la comida toda la noche. Él es muy quisquilloso, así que sólo quería saltarse la comida y ¡qué le dieran su postre! Mi papá comenzó a usar un reloj de cocina mientras comía. ¿Sabes que es eso?" le preguntó Raquel a Mati.

"¿No es uno de esos relojitos que lo pones para que haga 'ping' después de unos minutos?" preguntó Mati.

"¡Sí! Mi papá pone el reloj por 20 minutos. Si Marco termina su comida antes de que termine el tiempo, le dan postre. Si no acaba a tiempo, no hay postre," dijo Raquel.

"¡Te apuesto que ahora come más rápido!" sonrió Mati.

Raquel soltó una risita. "¡Así es! ¡Ahora acaba antes que todos!"

"A veces," dijo Raquel, "mis papás usan unos esquemas. ¡Eso es fenomenal!"

"¿Esquemas?" preguntó Mati.

"¡Ajá! A mí nunca me gustaba levantarme en la mañana para arreglarme para la escuela. Luego, mi mamá hizo este esquema fenomenal que tenía cosas como 'cepillarme los dientes' y 'vestirme' y 'desayunar'. Cada mañana, me ponía una calcomanía por cada de esas cosas que hacía cuando debía hacerlo. Y tampoco podía renegar de hacerlo. Si renegaba, no me daba mi calcomanía. Cuando había acumulado bastantes, mi Mamá me dejaba ir a la tienda y comprar un libro nuevo que yo quisiera. Me gustan MUCHO las calcomanías!" exclamó Raquel.

"Todo esto me parece chévere," dijo Mati.

"¡Sí, lo es!" dijo Raquel. "Pero, ¿sabes qué me gusta mucho? Me gusta cuando un trabajo está bien hecho, como alistarme a tiempo para irme a dormir. Luego, mis papás me dicen que están orgullosos de que lo hice yo sola, sin que ellos me lo digan. Me siento contenta cuando me lo dicen y ¡también estoy orgullosa de mí misma! ¡Eso me hace querer seguir haciendo esas cosas!"

Mati dijo, "Me encanta cuando mis padres me dicen que
están orgullosos de mí. Sólo que parece que más bien
se pasan mucho más tiempo diciéndome lo que hago
mal." Mati se veía triste de nuevo y Raquel lo sentía por
su amiga.

Mati se terminó sus galletas. Ella dijo, "Bueno, supongo que necesito irme a hacer mi tarea. ¿Puedes jugar afuera mañana?"

"Sí," respondió Raquel. "¡Te veré entonces!"

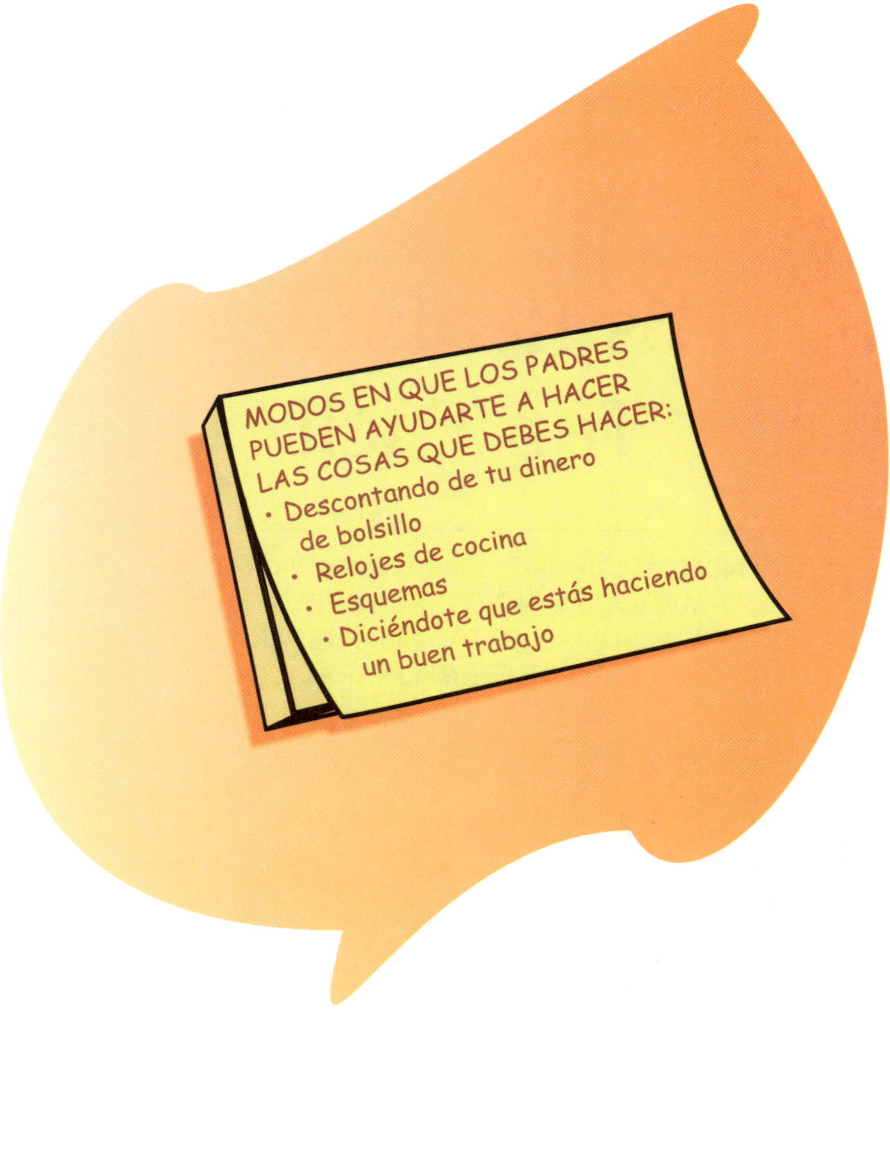

MODOS EN QUE LOS PADRES
PUEDEN AYUDARTE A HACER
LAS COSAS QUE DEBES HACER:
• Descontando de tu dinero
  de bolsillo
• Relojes de cocina
• Esquemas
• Diciéndote que estás haciendo
  un buen trabajo

CAPÍTULO 4

¿Es Realmente Tan Fácil?

CUANDO MIS PADRES COMENZARON A USAR **1-2-3 MAGIA**, YO NO ESTABA SEGURO DE QUÉ PENSAR. ALGUNAS COSAS ME GUSTABAN Y OTRAS NO. TOMÓ ALGO DE TIEMPO PARA ACOSTUMBRARME.

Mati y Raquel salieron de nuevo a jugar en los
columpios de Raquel. Mati dijo, "Así que supongo que
estabas muy contenta cuando tus padres comenzaron
a usar **1-2-3 Magia**, ¿no?"

La Sra. Álvarez, la mamá de Raquel, había salido a
ver a las niñas y escuchó lo que dijo Mati. "¡De ninguna
manera!" se rió la mamá de Raquel. "¡Al principio
Raquel y Marcos estaban REALMENTE disgustados
con ello!"

"¡¿Lo estaban?!" preguntó Mati, columpiándose. "¿Por qué?"

"Al principio no nos gustaba que Mami o Papi nos ponían a hacer un montón de cosas que no nos gustaba. No nos gustaba irnos a nuestros cuartos cuando hacíamos cosas malas. Aún no me gustaba levantarme para ir a la escuela o limpiar mi cuarto y Marcos no quería comerse su cena antes de que le dieran su postre," dijo Raquel.

Mati miraba a la mamá de Raquel. "¿Cómo sabia que no les gustaba?"

"Bueno," comenzó la Sra. Álvarez, "los dos nos ponían a prueba a menudo."

"¿Qué quiere decir 'a prueba'?" preguntó Mati.

"Eso quiere decir que los dos, Raquel y Marcos comenzaron a hacer cosas para tratar de saber si realmente íbamos a usar **1-2-3 Magia** en serio. Por ejemplo, ¡Marcos a veces hacía unos berrinchotes! Se tiraba al piso y comenzaba a chillar y gritar cuando le contaba por algo. Gritaba que yo era mala y que ya no me quería."

"¿Qué hacía entonces?" preguntó Mati.

"Le contaba por lo primero que había hecho y luego le contaba de nuevo por su berrinche. Después de contarle, lo dejaba solo. No hay porque hacer un berrinchote si no hay quien lo vea, ¿no es así?" preguntó la Sra. Álvarez.

Raquel y Mati se rieron. Mati preguntó, "¿Qué más hizo Marcos?"

"A veces amenazaba con irse de la casa o nunca volver a hablarme. Cuando amenazaba, yo comenzaba de nuevo. ¡Le contaba por lo que había hecho mal y le contaba de nuevo por las amenazas! Pronto aprendió que meterse en problemas dos veces por lo mismo era una tontería."

"¡Oye, Mami!" dijo Raquel. "¡Se me acaba de ocurrir algo! Si Marcos realmente decidía nunca volver a hablarte, eso querría decir que ya no haría más berrinches! ¡No le puedes gritar a quien no le hablas!"

"Ah, Raquel," dijo su mamá. "¡No lo había pensado!" Todos se rieron.

Mati preguntó, "¿Y qué de Raquel? ¿Qué hacía ella cuando no podía hacer lo que quería?"

La Sra. Álvarez miró a Raquel en su columpio y sonrió. "¿Te molesta si le digo, cariño?"

Raquel parecía un poco avergonzada, pero dijo, "No, supongo que no."

"Raquel me acosijaba mucho," dijo la Sra. Álvarez.

"¿Qué quiere decir eso?" preguntó Mati.

"Bueno, si quería hacer algo y yo le había dicho que 'no', ella me seguía diciendo '¿¿¿por favor???' y '¡¡¡pero MAMÁ!!!' una y otra y otra vez. ¡Me ponía de nervios! Le contaba por acosijar y eso también terminó rápidamente."

"Otras veces," dijo la Sra. Álvarez "se sentaba a lamentarse. ¡Tenía la mirada más triste!"

"Quería hacerte sentir mal," murmuró Raquel.

La Sra. Álvarez sonrió, "Lo sé."

"¡Déjeme adivinar!" dijo Mati. "¡Le contaba por lamentarse!"

"Realmente," dijo la Sra. Álvarez, "no contaba eso. Realmente ella no dañaba a nadie ni hacía berrinches. Si quería ponerse triste y hacía pucheros, no me gustaba, ¡pero hay ella! ¡Pronto se le pasaba y luego regresaba a ser feliz como siempre!"

"Sí … supongo que no puede contarles a los chicos por sentirse mal. Eso no sería muy bueno," respondió Mati.

"Es cierto, Mati. Está bien sentirse mal de vez en cuando. Mientras no quieras tratar de que también todos se sientan miserables, tienes el derecho de sentirte como quieras."

"Así pues, ¿ahora ya terminó la prueba?" preguntó Mati.

"¡Sí! Por la mayor parte, ha terminado la prueba. Ya que los chicos se dieron cuenta que era en serio lo de **1-2-3 Magia**, ya no necesitaban probarnos más."

"¡Oye, Mami!" dijo Raquel, entusiasmada. "¿Nos llevas al parque?"

"¡Claro! Mati, corre a casa y asegura que tu mamá y papá digan que está bien que vayas," contestó la Sra. Álvarez.

"¡OK. ¡En seguida regreso!" ¡Mati corrió atravesando el jardín de Raquel y saltó la cerca para llegar a la casa de ella!

VARIOS TIPOS DE PRUEBAS:
- BERRINCHES
- AMENAZAS
- ACOSIJAR
- PUCHEROS

¡Lo Divertido!

SÍ, AL PRINCIPIO TAMBIÉN YO HACÍA UNOS BERRINCHES. Y A VECES TRATABA DE DARLES A MIS PADRES EL "TRATAMIENTO SILENCIOSO." PERO LUEGO, ¿SABES QUÉ? DECIDÍ QUE ERA MÁS FÁCIL LLEVARME BIEN CON TODOS.

Mati regresó al jardín de Raquel. Venía su mamá con ella.

"¿Les molesta si las acompaño?" preguntó la Sra. Williams.

"¡Nos encantaría que nos acompañaras!" respondió la
Sra. Alvarez.

"¡Vamos!" gritó Raquel.

Mientras caminaban, Mati preguntó entusiasmada, "¡Oigan! ¿Por qué no le explican a mi mamá de **1-2-3 Magia**?"

Raquel miró a la mamá de Mati y dijo, "Así es cómo mis papás hacen que mi hermano y yo nos comportemos sin que nos estén gritando todo el tiempo."

"¡Bueno, eso realmente es magia!" dijo la Sra. Williams.

"No, realmente no es magia. Aunque a veces así parece," se rió la mamá de Raquel.

"¿Cómo funciona?" preguntó la mamá de Mati.

"Bueno, cuando tus chicos hacen algo que tú quieres que dejen de hacer, como lloriqueos o discutir, cuenta a 3. Las primeras dos cuentas les dan la oportunidad de que dejen de hacerlo ellos mismos. Si llegas a 3, se les mandan a un tiempo fuera por unos minutos. El truco es que no hay gritos ni hay que pagarles ni mucha discusión de lo que hicieron mal. ¡La mayoría de las veces ellos saben EXACTAMENTE qué hicieron mal, sin tener que decir una palabra!"

"También hay herramientas en **1-2-3 Magia** que te ayudan a que hagas que tus chicos hagan lo que quieras que hagan, como su tarea o levantarse para ir a la escuela por la mañana," continuó la Sra. Álvarez.

"Parece realmente interesante … y funciona?" preguntó la Sra. Williams.

Mati gritó, "¡Realmente que sí, Mamá! ¿¿¿Podemos hacerlo???"

Se rió la Sra. Álvarez. "Bueno, claro, hay más que eso.
Si te gustaría saber más de ello, tengo un libro que te
puedo prestar que explica todo. Explica cómo empezar
el programa con una corta 'Conversación Inicial' y luego
cómo comenzar en serio!"

"¡Eso sería genial!" respondió la Sra. Williams.

Cuando llegaron al parque, Raquel y Mati se dirigieron
directamente a la resbaladilla. Sus mamás se sentaron
en la banca a platicar.

"Sabes," dijo la Sra. Álvarez, "la mejor parte de **1-2-3 Magia** es cuánto más tiempo que antes disfruta nuestra familia juntos."

"Eso parece agradable. Me parece que lo único que hacemos en nuestra casa es quejarnos y discutir," respondió la mamá de Mati.

"Así era para nosotros también. Ahora que le pusimos un alto a tanto lloriqueo, discusión y gritos, podemos realmente escuchar lo que nuestros chicos dicen. Ellos saben que mientras no están gritando o quejándose con nosotros, siempre trataremos de buscar alguna manera de arreglar lo que les molesta. También comprenden que hay que seguir las mismas reglas en ambos hogares."

"¿Qué pasa cuando ellos te gritan?" preguntó la Sra. Williams.

"Les contamos y los gritos paran rápidamente. Después de eso, regresamos a platicar de sus problemas y de tratar de buscar alguna manera de resolverlos juntos."

Continuó la Sra. Álvarez, "Otra gran cosa de **1-2-3 Magia** es que ahora que ya no pasamos tanto tiempo tratando con el mal comportamiento de los chicos, ¡tenemos más tiempo para hacer cosas divertidas juntos! ¡Jugamos más juegos, leemos más libros y nomás pasamos más tiempo juntos! No tenemos que hacer nada especial. Sólo estar juntos haciendo algo sencillo como colorear un dibujo es divertido."

Mati corrió hacia la banca donde estaba sentada su mamá. "¿Lo vamos a hacer, Mamá? Por favor, ¿podemos?"

Su mamá sonrió. "Sí, Mati, pienso que lo intentaremos. Ciertamente parece como algo que sería bueno para nuestra familia, ¿no crees?"

Raquel también corrió hacia la banca. "Ha sido fabuloso para nosotros, ¿no es cierto, Mami?" ella preguntó.

"¡Ciertamente!" ella contestó.

Mati tomó la mano de su mamá y le dio un buen tirón. "¡Vamos, Mamá! ¡Vamos a columpiar juntas!"

Mano en mano, Mati y su mamá se fueron hacia los columpios. Cuando regresaron del parque, la Sra. Williams pidió prestado el libro de **1-2-3 Magia** de la casa de Raquel y lo leyó enteramente. ¡Desde ese día en adelante, Mati y sus padres comenzaron a ya no gritarse tanto uno a otro y a columpiarse más!

¡1-2-3 MAGIA TE PERMITE PASAR MUCHO MÁS TIEMPO PLATICANDO, JUGANDO, LEYENDO Y NOMÁS ESTAR CON TUS PADRES! LES DA A TODOS MUCHO MÁS TIEMPO PARA DIVERTIRSE!

PARTE II

Cosas Importantes de 1-2-3 Magia

El Juego de Herramientas de 1-2-3 Magia

EXISTEN UNAS PALABRAS GRANDES EN EL LIBRO PARA ADULTOS DE **1-2-3 MAGIA** QUE PARA LOS CHICOS SON DIFÍCILES DE ENTENDER. ESTE CAPÍTULO TE LAS EXPLICA. ASÍ CUANDO OYES A TU MAMÁ Y PAPÁ USARLAS, ¡SABRÁS LO QUE ESTÁ PASANDO!

CONTANDO

¡Contando es lo que tu mamá y papá harán cuando estás haciendo algo que no debes, como cuando estás fastidiando a tu hermano o hermana o haciendo un berrinche cuando las cosas no son como tú quieres!

Cuando comienzas a portarte mal, ellos dirán "Va 1." Si no te comportas después de unos 5 segundos, ellos dirán "Van 2." Si eres bastante terco o no te has comportado, esperarán 5 segundos más y dirán "Van 3, toma 10" (si tienes 10 años). Lo mejor de contando es que te dan dos oportunidades para parar tu mal comportamiento antes de que algo suceda. ¡Es genial!

Recuerda que te dan un minuto de tiempo fuera para cada año de tu edad. Así, ¿cuántos minutos de tiempo fuera te tocarán si tienes 8 años? ¡Así es! Te tocarán 8 minutos de tiempo fuera.

LLORANDO LLORIQUEANDO GRITANDO PUCHEROS DANDO PISOTONES

¡VA UNO!

ELOGIO

Elogio es una palabra que quiere decir que le dices algo a alguien que le hace sentirse bien de sí mismo. Imagínate que ves un reloj a las 4:30 de la tarde y piensas, "¡Ay! Ya es hora de que comience mi tarea." Vas por tus libros, te sientas a tu escritorio y te ocupas de tu tarea sin que nadie te diga. Tu papá te ve que estás haciendo tu tarea y dice, "¡Estoy tan orgulloso de ti que comenzaste tu tarea solo! ¡Es un comportamiento muy responsable! ¡Un gran trabajo!"

Probablemente, te guste que lo notara tu papá y ¡también te sentirás orgulloso de ti mismo! El sentirse orgulloso de sí mismo es tan gran emoción que querrás seguir haciendo cosas que puedan hacerte sentirte bien una y otra vez!

SOLICITUD SENCILLA

Esto también se puede llamar "orden sencilla." ¡Esto es cuando tus padres solamente te dicen lo que quieren que hagas! Por ejemplo, te dice tu mamá, "Ana, tienes que cepillarte los dientes en los siguientes 15 minutos." Si hacemos lo que nos piden la primera vez que nos lo dicen, ¡todos estamos contentos! Mamá está contenta porque tus dientes están limpios y tu aliento huele fresco a menta. Tú estás contento porque Mamá no está detrás de ti cada cinco minutos ¡porque ya lo hiciste!

RELOJ DE COCINA

¿Alguna vez has visto un reloj de cocina? Es un relojito con una flecha al que le das cuerda y hace un ruido (como un ping) cuando la flecha llega a cero. Los relojes pueden ayudar a que las tareas molestas sean divertidas (sí, ¡divertidas!).

Digamos que suena el teléfono y es la Abuela Gertrudis diciéndole a tu mamá que va a llegar en 15 minutos. ¡A tu mamá le da pánico! ¡La casa está un desastre! Necesita que la sala se arregle rápidamente y está claro por la manera que corre dando vueltas que necesita tu ayuda. A alguien se le ocurre poner el reloj por 10 minutos. Todos llevan una carrera contra el reloj para ver si pueden limpiar antes del 'ping.'

Tictac, tictac, dice el reloj. El último juguete se guarda unos 2 segundos antes del 'ping' del reloj. ¡Lo hicieron! La casa está limpia (bueno, ¡por lo menos todos los tiliches se aventaron al closet donde la abuela no los ve!) y ¿adivina qué? Descubres que realmente ¡se divirtieron haciéndolo!

Hay buenas noticias y malas noticias del Sistema de Descuento. La buena noticia es que ésta es una manera en que tus padres hagan tu trabajo con una sonrisota. Estás diciendo, "¡Ay! ¡Cuéntame más!" Bueno, hay una buena razón por la cual están sonriendo (ésta es la mala noticia). Están sonriendo porque tú les estás pagando para que ellos hagan tu trabajo. "Vaya," dices, "yo sabía que había un truco."

Con el Sistema de Descuento, tus padres te dan la oportunidad a que hagas tus trabajos. Probablemente te darán un tiempo dentro del cual tú debes completar tu trabajo. Si no lo has terminado dentro de ese tiempo, no te regañarán ni te gritarán (¡más buenas noticias!). Ellos lo harán por ti y te cobrarán una cuota. Probablemente encontrarás que ellos te cobran MUCHO más de lo que te gustaría pagar por sus servicios. Probablemente es más fácil que tú hagas el trabajo tú mismo.

Además, ¡ellos no usarán el Sistema de Descuento para cuando haces tu tarea! ¡A las maestras no les gustaría nadita!

CONSECUENCIAS NATURALES

Consecuencias naturales son esas cosas que suceden naturalmente, tal como dice el nombre. Si cuando vas a la escuela se te olvida tu lonche, tendrás hambre. Si te acuestas muy tarde, estarás cansado al día siguiente. Algunas veces tus padres se distancian de tus errores y luego tú tendrás que enfrentar las consecuencias tú solo.

Algunos chicos constantemente se quejan de tener que hacer su tarea y quieren que sus padres dejen de fastidiarlos por eso. ¿Qué tal si fueras uno de esos chicos y, un día, tus padres dejaran de fastidiarte diciéndote que la hagas? Terminarás al día siguiente en la escuela sin la tarea. Mamá y Papá no escribirían una nota a la maestra para que te disculpe porque, después de todo, fue tu culpa, ¿verdad? Tú eres quien no terminó la tarea. Tendrías que llegar a la escuela y aceptar cualquier castigo que te de la maestra. Eso es una "consecuencia natural." Si tomas una mala decisión, entonces tú eres quien tiene que pagar el precio por esa decisión

ESQUEMAS

Hay algunas cosas que nos cuesta trabajo hacerlas sin la ayuda de nuestros padres. Un ejemplo es levantarnos y salir por las mañanas. ¡Hay tantas cosas que tenemos que hacer para salir que sería muy difícil para nosotros organizarlo en nuestro cerebro! Aquí es donde los esquemas nos pueden ayudar.

Tu mamá o papá puede hacer un esquema con una lista de todo lo que tienes que hacer para alistarte en las mañanas. La lista tendría cosas como desayunar, vestirte, cepillarte los dientes, etc. Quizás hasta pongan en la lista el tiempo dentro del cual tienes que haber completado cada cosa. Luego, pondrán una calcomanía o algo similar a un lado de cada cosa que completaste a tiempo. Quizás después de que adquieras cierto número de estos, te darán un pequeño premio. Puede ser una salida especial con Mamá y Papá, un pequeño juguete, acostarte un poco más tarde, o alguna otra cosa en lo que tú y tus papás estén de acuerdo.

Esperamos que al hacer todas estas cosas a tiempo se haga un hábito y no necesitarás más un esquema. ¡Habrás aprendido una nueva técnica! Cuando eso suceda, te sentirás realmente bien. Después de eso, ¡estarás listo para emprender algo completamente nuevo!

CONTANDO
(Para Comportamientos de Empezar)

Creías que contar sólo se podía usar para comportamientos de dejar, ¿no es así? En realidad, se puede usar para comportamientos de empezar, pero sólo si el comportamiento es algo que se pueda completar en 2 minutos o menos. Aquí hay un ejemplo.

Digamos que Abi llega a casa después de la escuela y tira su abrigo en el piso en vez de colgarlo en el closet donde debe. Papá necesita que ella recoja el abrigo y lo ponga donde debe. Esto es un comportamiento de empezar. Es algo que él quiere que empieces a hacer. Colgar el abrigo toma muy poco tiempo. Definitivamente se puede hacer en menos de 2 minutos. Papá dice, "Abi, por favor cuelga tu abrigo." Abi dice, "No." Papá dice, "Va 1." Él espera 5 segundos y dice, "Van 2." Abi sigue parada allí mirándolo. Después de 5 segundos más, Papá dice, "Van 3, toma 9," (porque Abi tiene 9 años). Abi tiene que irse a su cuarto por 9 minutos porque no quiso recoger su abrigo.

No se usará contar por comportamientos como haciendo tu tarea. Toma mucho más de 2 minutos completar la tarea, así que tus papás pueden escoger otro método como esquemas o elogio por haber hecho un buen trabajo para ayudarte con ese tipo de buen comportamiento.

ANIMANDO INDEPENDENCIA

Esto es un término elegante para que los padres dejen a los chicos aprender a hacer cosas por sí mismos. Hay muchas veces cuando los padres deben intervenir y ayudar cuando intentas hacer algo nuevo. Algunas cosas nuevas que nos gustaría intentar (como cocinar en la estufa) pueden ser peligrosas si no tenemos un padre cerca para que nos ayude. Otras cosas, sin embargo, como aprender nosotros a hacer un sándwich o como lavar platos, al principio pueden ser algo desordenado, pero tenemos que intentarlos para poder aprender a hacerlos bien.

Cuando tu familia está usando **1-2-3 Magia**, habrá veces cuando les preguntas a tus papás si puedes intentar algo nuevo y te tienen que decir que no, ya sea porque es peligroso, o porque no es un buen momento. Habrá otras veces, sin embargo, cuando tus papás dirán, "¡Claro que sí, puedes!" Tus papás quieren que crezcas listo y fuerte y que te puedas cuidar tú solo. ¡Aprendiendo cómo hacer esto será muy divertido!

AFECTO Y ELOGIO

Afecto es una palabra que quiere decir demostrarle a alguien que lo quieres. Tus padres hacen esto con un beso en la mejilla, un abrazo, o un palmazo en la espalda. Hay muchas maneras de demostrarle a la gente que la quieres. Cuando la gente nos demuestra que nos quiere, nos hace sentir cálidos y especial por dentro. ¡Nos agrada sentirnos queridos!

Una de las razones por las cuales las familias comienzan a usar **1-2-3 Magia** es porque, a veces, pasamos tanto tiempo discutiendo y tratando de que todos se cooperen que realmente no hay mucho tiempo de sobra para demostrar nuestro amor el uno por el otro. Después de que todos se acostumbren a usar **1-2-3 Magia**, encontrarás que los miembros de tu familia están de mejor humor más a menudo y que tienen tiempo para las cosas verdaderamente importantes ¡como abrazotes!

Esto parece sencillo. ¡Escuchamos a la gente todo el tiempo! Realmente hay una diferencia entre oyendo y escuchando. Escuchando quiere decir que no sólo oímos las palabras que otra gente dice, sino que también intentamos por todos los medios entender lo que ellos piensan y cómo se sienten.

Hay otra parte de **1-2-3 Magia** que enseña a los padres como verdaderamente escuchar lo que tienes que decir. Algunas veces tu mamá y papá están muy ocupados. Están tan ocupados que oyen tus palabras, pero no entienden realmente qué tan importante son tus palabras para ti. No es que no les importe. Sólo que realmente escuchar toma práctica.

Intenta decirles a tus padres cuando tú tienes un problema que en realidad necesitas decirles. Si no tienen tiempo para darte su total atención, entonces, ellos fijarán una hora, tan pronto puedan. Quizás hasta te puedan ayudar a resolver tu problema. Pero aunque no puedan, tú sabrás que en realidad te escucharon y comprenden lo que te está pasando. A veces tan sólo saber que alguien está escuchando es suficiente para ayudarte a tratar el gran problema tú solo!

DIVERTIRSE UNO A UNO

Divertirse uno a uno es verdaderamente sencillo de entender. Quiere decir que una persona se divierte con otra persona. A veces es divertido hacer cosas como familia, pero también es muy divertido tener a tu mamá o papá para ti sólo por un ratito. Jugando, leyendo libros, paseando o compartiendo un lonche pueden ser momentos muy especiales que un padre comparte con un niño. Si tienes algo que necesitas hablar con tu mamá o papá, es más fácil hacerlo cuando no hay nadie más alrededor. El tiempo de divertirte uno a uno muchas veces puede llevarte a conversaciones que nomás no puedes tener cuando el resto de la familia está presente.

Es importante que cada miembro de tu familia tenga tiempo de divertirse uno a uno con cada otro miembro de tu familia. Hasta mamás y papás juntos necesitan tiempo divertido uno a uno. Ayuda a que todos se sientan íntimos a los otros. Además, como el título de esta página dice, ¡es DIVERTIDO!

Esto es cuando tú y tus padres se sienten juntos a hablar de comenzar **1-2-3 Magia**. La Conversación Inicial es muy corta; sólo dura cinco o diez minutos. Tu mamá y papá sólo explicarán qué es **1-2-3 Magia** y cómo funciona. De hecho, ¡éste puede ser la ocasión en que ellos escojan para darte este libro! Te explicarán un poco y después tú puedes repasar esta Guía para Niños para **1-2-3 Magia** con ellos o solo. ¡Todos estarán preparados para tu nuevo principio!

CAPÍTULO 1

Preguntas que Tienen los Niños Sobre 1-2-3 Magia

CUANDO LOS PADRES EMPIEZAN A USAR **1-2-3 MAGIA**, LOS NIÑOS HACEN MUCHAS PREGUNTAS. ¡PROBABLEMENTE, TÚ TIENES ALGUNAS AHORA! AQUÍ HAY ALGUNAS DE ESTAS PREGUNTAS, JUNTAS CON RESPUESTAS QUE SON FÁCILES DE ENTENDER.

¿POR QUÉ DEBO QUERER QUE MIS PAPÁS USEN 1-2-3 MAGIA?

Lo mejor de **1-2-3 Magia** es que tu hogar será más tranquilo y feliz. Tú, tus hermanos, tus hermanas y tus papás se enojarán con mucha menos frecuencia. **1-2-3 Magia** permite que tus papás hagan la disciplina con más rapidez y sutilmente, para que tengan más tiempo para divertirse contigo.

¿QUÉ TIPO DE COMPORTAMIENTO SE CONTARÁ?

Tu mamá y papá van a contar comportamientos que quieren que DEJES de hacer. Hemos hablado de esto antes. La llamamos "Comportamiento para DEJAR." Algunos ejemplos de conductas para dejar son lloriquear, berrinches, discutir, burlarse de otros, pelear, gritar y cosas semejantes. Probablemente puedes pensar en otros comportamientos que puedes añadir a la lista.

¿QUÉ PASARÁ SI NO VOY A MI CUARTO?

Tus papás necesitan tu cooperación para ir a tu cuarto para tu tiempo fuera. TÚ necesitas usar tus propias dos piernas para levantarte e irte allí, ¿no?

Si te niegas a irte a tu cuarto, tus papás pueden decidir usar lo que llamamos una "alternativa a un tiempo fuera." ¡Alternativas a un tiempo fuera son consecuencias que tu mamá o tu papá pueden usar que no requieren tu cooperación! Pueden descontar dinero de tu dinero de bolsillo. Pueden quitarte la televisión de tu cuarto. Pueden decidir que no puede venir a casa el amigo que habías invitado. Lo interesante de las alternativas a un tiempo fuera es que casi siempre son peores que pasar unos cuantos minutos en tu cuarto. ¡La mayoría de los niños entienden esto muy pronto!

¿PUEDO JUGAR DURANTE MI TIEMPO FUERA?

Hay tres cosas que no se permiten durante un tiempo fuera. Primero, no puedes hablar por teléfono. Segundo, no puedes invitar a nadie que esté en tu cuarto contigo. Tercero, no puedes usar cualquier aparato electrónico (televisión, videojuegos, computadora, etc.) Aparte de esto, puedes entretenerte. Puedes leer, jugar con tus juguetes, tomarte una siesta o encontrar otra cosa que hacer.

¿QUÉ PASA SI SIGO ENOJADA Y NO QUIERO SALIR DE MI CUARTO CUANDO TERMINA MI TIEMPO FUERA?

¿Quédate en tu cuarto el tiempo que quieras. Nadie te va a molestar. Sal cuando te guste. (¡Ah, esa era una pregunta fácil!)

¿ME VAN A CONTAR SI TENGO UNA AMIGA EN CASA?

Sí. Si te comportas mal cuando está una amiga en casa, aún te van a contar. Si llegas a 3, tu amiga tendrá que jugar sola un rato mientras que estás en tu cuarto. Cuando salgas, puedes explicarle lo que acaba de pasar. Tu amiga no tardará mucho en entender lo de 'contar.'

¿QUÉ PASA SI NO ESTAMOS EN CASA?

Si no estás en casa y llegas a 'tres,' tus papás harán una de dos cosas. Puede ser que encuentren un lugar para tu tiempo fuera en el lugar donde están. Pueden llevarte al coche, encontrar una banca cercana, o meter a los niños pequeños en el carrito de las compras. Otra solución cuando están fuera de casa es la alternativa a un tiempo fuera de que hemos hablado anteriormente. Tu mamá o tu papá pueden saltarse el tiempo fuera completamente y decidir darte una consecuencia diferente, como una hora de dormir más temprano o la pérdida de un videojuego.

¿QUÉ PASA SI ESTOY PELEANDO CON MIS HERMANOS Y CREO QUE ELLOS TIENEN LA CULPA Y ELLOS CREEN QUE LA CULPA ES MÍA?

A menos que tu mamá o tu papá ven qué pasa o pueden averiguar BIEN CLARAMENTE quién empezó la pelea, contarán los dos del pleito. Si no termina el pleito y los dos llegan a 3, los dos recibirán un tiempo fuera. Si Uds. dos comparten un dormitorio, les mandarán a zonas distintas de la casa. Si ya están peleando, ¡probablemente no querrán estar juntos de ninguna forma!

¿QUÉ PASA SI NO HAGO MIS QUEHACERES?

Hay unas cuantas cosas que los padres pueden hacer para ayudarte a hacer los quehaceres. Una es utilizar un reloj de cocina. El reloj te ayuda en convertir los quehaceres en una competencia y, créelo o no, a veces puede ser divertido. Tu mamá y tu papá también pueden emplear esquemas. Quizás, después de una temporada, puedes ganar un pequeño premio, si aprendes a hacer los quehaceres tú solo.

¡Créelo o no, tus papás posiblemente harán tus quehaceres por ti—sin quejarse de ello! Te estás sonriendo ahorita, ¿no? ¡No te hagas demasiadas ilusiones! Tendrás que pagarles a tus papás para hacer el trabajo por ti. ¡Los padres tienden a cobrar mucho dinero, también, si tienen que hacer el trabajo de otros!

SI USAMOS UN ESQUEMA, ¿PUEDO GANAR COSAS?

A veces tu mamá o papá quizás decidan que puedes ganar un pequeño premio si vas bien con el gráfico. Pueden ponerse de acuerdo acerca de esto. Sin embargo, los premios sirven principalmente para animarte y no durarán para siempre.

¿CUÁNDO PUEDO DECIR LO QUE PIENSO?

Puedes decirles a tus padres lo que piensas cuando quieras, mientras que no estás gritando o atacando a nadie. Tus papás intentarán escucharte cuidadosamente. Si recién sales de un tiempo fuera, puedes buscar a tus papás y CON CALMA explicarles tu parecer. Generalmente, no hay por qué hacer esto, porque casi siempre es más de lo mismo. Sin embargo, una vez que tus papás deciden que te han escuchado y que se ha terminado la conversación, allí termina la discusión – aunque estés de acuerdo o no. Si sigues hablando y discutiendo, eso se llama "acosijando" y empezarán a contarte de nuevo.

¿QUÉ TIPO DE COSAS PODEMOS HACER PARA TENER DIVERSIÓN UNO-A-UNO?

Hay tantas cosas que pueden hacer los padres y sus hijos para diversión uno-a-uno. Aquí hay unas pocas: jugar naipes, leer un libro, jugar a la pelota, ir al cine, salir por un helado, jugar al escondite, cultivar un pequeño jardín. Podríamos seguir interminablemente. ¿Qué podrías añadir tú a la lista?

¿QUÉ PASA SI VIVO EN DOS CASAS?

Las familias hoy en día tienen muchas diferentes formas y tamaños. Algunos niños viven en dos casas. Comparten su tiempo entre la casa de su mamá y la casa de su papá, o a veces vivan parte del tiempo con un abuelo. Muchas veces, los adultos de ambas casas deciden utilizar juntos el **1-2-3 Magia**. Eso es maravilloso y será más fácil para ti.

Sin embargo, si sólo hay un adulto en tu vida que quiere usar el programa de 1-2-3, aún está bien. No todos hacen las cosas de la misma manera, especialmente cuando tiene que ver con ayudar a los niños a comportarse bien. Puede ser una buena idea platicar sobre esto con el adulto que va a usar el programa **1-2-3 Magia** contigo. Él o ella pueden ayudarte a entender la mejor manera de manejar tu propia situación única.

¿TIENES CUALQUIER OTRA PREGUNTA ACERCA DE 1-2-3 MAGIA?

Puede ser que tengas otras preguntas que no hemos puesto aquí. ¡Magnífico! Pregúntale a tu mamá y papá y ellos harán lo mejor por contestar tus preguntas.

PARTE III

Cosas que Hacer y Cosas en que Pensar

CAPÍTULO 8

Actividades Divertidas y Rompecabezas

ESTE CAPÍTULO ESTÁ LLENO DE COSAS QUE ESTÁN EN ONDA. HAY ROMPECABEZAS, DIBUJOS PARA HACER Y OTRAS COSAS TAMBIÉN. TE AYUDARÁN A RECORDAR ALGO DE LO QUE HAS APRENDIDO EN ESTE LIBRO ACERCA DE **1-2-3 MAGIA**. CUANDO VEAS ESTE GORRO 🎓 EN LA PARTE SUPERIOR DE LA HOJA, ESTO SIGNIFICA QUE TAL VEZ NECESITARÁS EL APOYO DE UN ADULTO.

Comportamientos de Empezar para el Rompecabezas

¿Qué son comportamientos de empezar? ¡Comportamientos de empezar son esas cosas que tus padres quieren que EMPIECES! Cosas como acostarte en la hora debida, hacer tus quehaceres, y hacer la tarea son todos comportamientos de empezar. Las pistas abajo describen comportamientos de empezar. ¡A ver si puedes completar el rompecabezas!

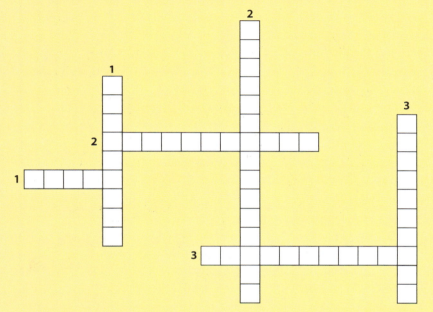

Horizontal

1. Ejercicios de la escuela que hacemos en casa.

2. Tocando un instrumento musical en casa.

3. Cuando nos sentamos a la mesa y recibimos comida.

Vertical

1. Recogiendo ropa y juguetes del piso y poniéndolos en su lugar.

2. Cuando nos ponemos en la cama de noche para dormir.

3. Sacando la basura, lavando trastes, y tendiendo la cama.

¿Puedes Descifrar el Código?
Comportamientos de Dejar

¿Qué son comportamientos de dejar? ¡Comportamientos de dejar son esas cosas que haces que tus padres quieren de DEJES! Cosas como peleando con tu hermano o hermana o gritando cuando estás enojado son ejemplos de comportamientos de dejar.

¡Descifra el código! Abajo hay unos blancos con números debajo de ellos. Consulta la tabla de abajo y encuentra la letra que representa cada número. Coloca la letra correcta en cada espacio en blanco y descubrirás una lista de comportamientos de dejar — en otras palabras, comportamientos que tus padres probablemente contarían.

1=A	2=B	3=C	4=D	5=E	6=F	7=G
8=H	9=I	10=J	11=K	12=L	13=M	14=N
15=O	16=P	17=Q	18=R	19=S	20=T	21=U
22=V	23=W	24=X	25=Y	26=Z		

___ ___ ___ ___ ___ ___ ___ ___ ___ ___ ___
4   9   19   3   21   20   9   5   14   4   15

___ ___ ___ ___ ___ ___ ___ ___ ___ ___ ___ ___
12   12   15   18   9   17   21   5   1   14   4   15

___ ___ ___ ___ ___ ___ ___ ___
16   21   3   8   5   18   15   19

___ ___ ___ ___ ___ ___ ___ ___ ___ ___ ___
6   1   19   20   9   4   9   1   14   4   15

___ ___ ___ ___ ___ ___ ___ ___
7   18   9   20   1   14   4   15

___ ___ ___ ___ ___ ___ ___ ___ ___
2   5   18   18   9   14   3   8   5

Escribe acerca de un instante cuando realmente querías que tu mamá o tu papá te escucharan acerca de algo que para ti era muy importante.

_____

_____

_____

_____

_____

_____

_____

_____

¡Haz un dibujo en el que tú y
tu mamá o tu papá se divierten
uno a uno!

85

1. Acostarse es un ejemplo de un comportamiento de EMPEZAR. **C   F**

2. Lloriqueo es un ejemplo de un comportamiento de EMPEZAR. **C   F**

3. Cuando se pelean los niños, la mayoría del tiempo se debe contarles a los dos. **C   F**

4. La Conversación Inicial debe durar unas dos horas. **C   F**

5. Si un niño se porta mal en público, el padre debe gritarle en voz alta para que le preste atención. **C   F**

6. Con el Sistema de Descuento la mamá o el papá hace el trabajo y el niño se manda a acostar temprano. **C   F**

7. No se debe usar un reloj de cocina durante la comida porque le puede producir una indigestión. **C   F**

8. Escuchar y diversión uno a uno entre padre/hijo son buenas maneras de llevarse mejor con tus papás. **C   F**

Rompecabezas: Respuesta a la página 79

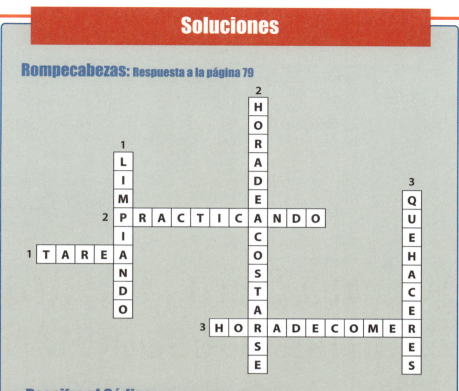

Descifra el Código: Respuesta a la página 82

DISCUTIENDO
4 9 19 3 21 20 9 5 14 4 15

FASTIDIANDO
6 1 19 20 9 4 9 1 14 4 15

LLORIQUEANDO
12 12 15 18 9 17 21 5 1 14 4 15

GRITANDO
7 18 9 20 1 14 4 15

PUCHEROS
16 21 3 8 5 18 15 19

BERRINCHE
2 5 18 18 9 14 3 8 5

¿Cierto o Falso?: Respuesta a la página 86

1. **C**
2. **F**
3. **C**
4. **F**
5. **F**
6. **F**
7. **F**
8. **C**

¿Cómo Será Nuestra Familia Después?

MI VIDA ANTES DE **1-2-3 MAGIA** ERA BASTANTE MISERABLE. SIN EMBARGO, DESPUÉS DE QUE MIS PADRES COMENZARON A USARLO, ¡SE MEJORARON MUCHO LAS COSAS! TODA LA FAMILIA ESTÁ MÁS CONTENTA AHORA. AQUÍ HAY ALGUNAS COSAS QUE POSIBLEMENTE NOTARÁS EN TU PROPIA FAMILIA DESPUÉS DE QUE TU MAMÁ Y PAPÁ COMIENCEN A USAR **1-2-3 MAGIA**.

LOS QUEHACERES PUEDEN LLEGAR A SER MÁS DIVERTIDOS (PUES, NO MUCHO MÁS DIVERTIDOS, PERO ¡SÍ, UN POCO!).

PUES, ¡ESO ES **1-2-3 MAGIA**! ESPERO QUE LO COMPRENDAS MUCHO MEJOR AHORA. DENTRO DE POCO, TUS PADRES LO COMENZARÁN. REALMENTE, ESTO VA A HACER TU VIDA DE FAMILIA MÁS FELIZ.

1-2-3 MAGIA TE AYUDARÁ A APRENDER A HACER LAS COSAS QUE NECESITAS HACER. TAMBIÉN AYUDARÁ A QUE TUS PADRES SE MANTENGAN TRANQUILOS CUANDO HACES ALGO MALO. NO ES DIVERTIDO VIVIR EN UNA CASA DONDE TODOS GRITAN TODO EL DIA. NO ES DIVERTIDO PARA TUS PADRES Y ¡TAMPOCO ES DIVERTIDO PARA TI! YO SÉ PORQUE ¡LO HE VIVIDO! ESTE PROGRAMA TE AYUDARÁ A LLEVARTE MEJOR CON TUS PAPÁS Y AUN CON TUS HERMANOS Y HERMANAS. LO MEJOR ES QUE TE SENTIRÁS ESTUPENDAMENTE DE TI MISMO.

¿QUIÉN MANDA EN SU CASA?

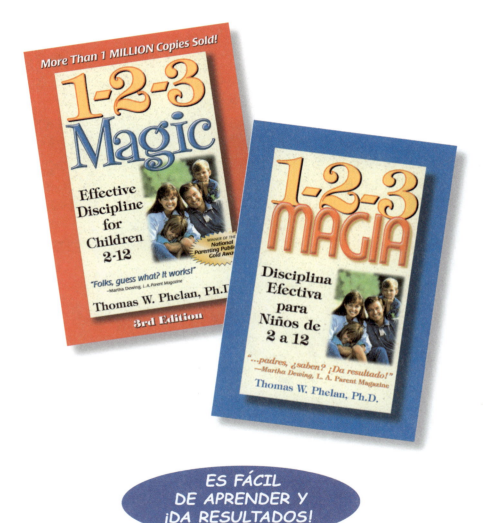

ES FÁCIL
DE APRENDER Y
¡DA RESULTADOS!